POEMARIO

MIS CANCIONES SIN VERSO

Luciano A. Alegría

Primera Edición Mis Canciones Sin Verso: 2014
Impreso y Hecho en Estados Unidos de America
Editado y publicado por el autor.
Todas fotos son personales o colaboracion de amistades
Derechos reservados por el autor

ISBN 978-0-692-30742-7

PROLOGO

Mis poemas nacen de una espontaneidad cuando mi musa está conmigo y sus metáforas, versos y rimas, nunca las modifico por respeto a mi musa, para conservar el valor que ella les dió y asi siempre me visite.

A veces ella no viene y me entristece y de repente aparece sonriente para quitarme la tristeza y me dice unos versos que ni yo entiendo pero así los escribo; ellos son la inspiración de mi musa: La Soledad.

Mi segundo poema del Libro es: "Al Valle San Joaquín de California", que después de su exposición en español, presento su traducción en inglés, por considerar que el poema realmente es un canto, que dedico con estusiasmo y respeto a un maravilloso y fructífero lugar, perteneciente a esta gran Nación y que los dueños de casa tienen el derecho de saber qué digo y cómo lo digo al expresarlo en mi poema.

Alguno de mis poemas talvez dan la impresión de que soy un rebelde, más bien diría que mi musa se contagia por la influencia que he tenido por haber sido un lector de algunos autores, quienes escriben o escribieron con un lenguage liberal, asi también he escuchado a cantautores conocidos, expresar sus versos a la sociedad con el lenguage que forma parte de nuestra cultura.

A mi querido lector le expreso que así al incluir mi poema "Dime Mujer...Qué Quieres Que Haga?" y tambíen un ¨Dialoguillo¨; lo hice con la intención de variar la rutina y dar un poco de entretenimiento y además incluí un poco de pasión y sufrimiento de un enamorado en mi último poema: ¨Fogata Intencional¨. Vaya mi respeto a todos mis lectores.

Por un tiempo dejé de escribir y cuando intenté nuevamente, ví una tristeza en mis anteriores poemas, pero con mi presencia se volvieron relucientes y entendí que necesitaban libertad y de inmediato eché a correr mis intenciones, dedicando mi empeño para que experimentaran sus alas al vuelo de la libertad en pensamiento, conjugando el intento tantas veces, hasta lograr ese vuelo.

A ellos como a mis hijos, les hice saber que volar requiere no sólo tener alas, sino resignarse a las balas detonantes de la envidia y del desprecio. Para mientras, que gocen del viento y de la dicha de la libertad y de la altura musical y de las nubes.

Ellos llevan sonrisas para todos, llevan pedazos de amor, de fé y de alegría; quienes los reciban, tendrán una compañía de entretemimiento en las tardes alegres después de las faenas o en las noches vacías para encontrar el sueño. Esos son mis poemas: "Mis Canciones Sin Verso", benditos por la Diosa de la musa mia: La Soledad.

El Autor.

PRESENTIMIENTO

Dame un beso preciosa,
dame un beso de tu boca,
que la miel de tu dulzura
se conjugue con pasión.

Mis tímidas intenciones
encontraron el milagro,
de sentirme presidiario
de tu alma y corazón.

Presentí que te perdía
aquella tarde ligera,
pasabas como viajera
sin escuchar mi canción.

Todo ha cambiado hoy,
entendistes bien mi canto,
los gemidos y mi llanto
son delirios por tu amor.

AL VALLE SAN JOAQUIN DE CALIFORNIA.

AL VALLE SAN JOAQUIN DE CALIFORNIA.

Qué soledad tan grande en estas extensiones !
silencios que exageran cuando no hay pasiones!
el ruido de la máquina del tren y sus vagones,
no espanta el silencio si fueran intenciones.

Que río verterá agua más pura ¡?
que el jugo de manzanas y las uvas,
mieles nutrientes de este Valle celeste,
sustancia divina de sus tatuajes agrestes.

Este inmenso Valle cultivando las mieles,
que al mordizco deleitan sus maduras manzanas;
ver las plantaciones de maizales que parecen agrestes
y llegan a tu mesa pa' disfrutar la mañana.

Vivir la inspiración te deja sin aliento,
al querer cantarle al labrador y sus cultivos,
respiras la emoción que llevas por dentro,
al querer gritar también lo que has vivido.

Una tormenta vaciaba su torrente
y sus correntadas inundándole las calles,
recorriendo las nubes su belleza imponente
en la quietante inmensidad del Valle.

Mausoleo que enterrastes las tristezas del labriego,
dándole alas para volar en tus inmensas tierras,
con sus energías y creatividad en tus cultivos,
en tus hechiceras florestas de calabazas y trigo.

Como tiemblan las ramas del almendro,
cuando la máquina sacude su cosecha
y el colector abajo está en la espera,
para levantar su fruto allí en su cesta.

Si tuviera dos alas y percepción de sabio,
volando estos paisajes con belleza que admiro
y el viento que pasa llevándose el sonido,
vibraran emociones, saliendo de mis labios.

Espléndida está la tarde, ideas soñadoras
y me pregunto a veces dónde estará el poeta ?
dejando su nostalgia en mis ojos que lloran,
girando con el viento como una veleta.

To The San Joaquin Valley of California

What great solitude in these extensions!
Silences that exaggerate when there are no passions!
The noise of the train engine and its wagons,
Does not scare the silence if it were their intentions.

What river will spill water so pure!?
That the juice of apples and grapes,
Nutritious honeys of this sky blue Valley,
Divine essence of its pastoral tattoos.

This immense Valley cultivating honeys,
Its mature apples delighting at a nibble;
seeing the cornfield plantations that seem wild
And arrive at your table to enjoy the morning.

Living the inspiration leaves you breathless,
When wanting to sing to the farmer and his crops,
You breathe the emotions that you carry inside
Wanting to also yell also what you have lived.

A storm was emptying its torrents
And its currents inundating the streets,
The clouds roaming the imposing beauty
In the quieting immensity of the Valley.

Mausoleum that buries the peasant's sadness,
Giving him wings to fly in your immense lands,
With his energies and creativity in your crops,
In your captivating groves of pumpkins and wheat.

How the almond tree branches quiver,
When the machine shakes its harvest
And the gatherer below is in wait,
To lift its fruit there in his basket.

If I had two wings and a wise man's perception,
Flying these landscapes with beauty I admire
And the wind that blows taking the sound,
Emotions would vibrate, escaping from my lips.

Splendid is the afternoon, dreaming ideas
And I sometimes wonder, where is the poet?
Leaving his nostalgia in my tearing eyes,
Spinning with the wind like a weather vane.

EN EL UMBRAL.

Cuando se asoma el amor
y te sonríe la felicidad,
cuando sientas el temblor
            - de estar enamorado,
cuando tus desvelos logren
            - sollozar tu alma,
cuando sueñes profundamente
            - con ella,
 siente temor, grita mejor,
sale corriendo a despojar
de tu alma esa ilusión,
corre, corre, salta y grita,
no llores en silencio,
desahoga el sentimiento de querer,
saca del alma tu delirio,
apaga con el agua de tu llanto
esa maldita llama de quererla tanto,
resurge como un león,
ahuyenta el maleficio de pensar en ella,
vuelve a sentir que eres
capaz de apagar estrellas
... y sentirás feliz tu corazón.

SI PUDIERA OLVIDARTE

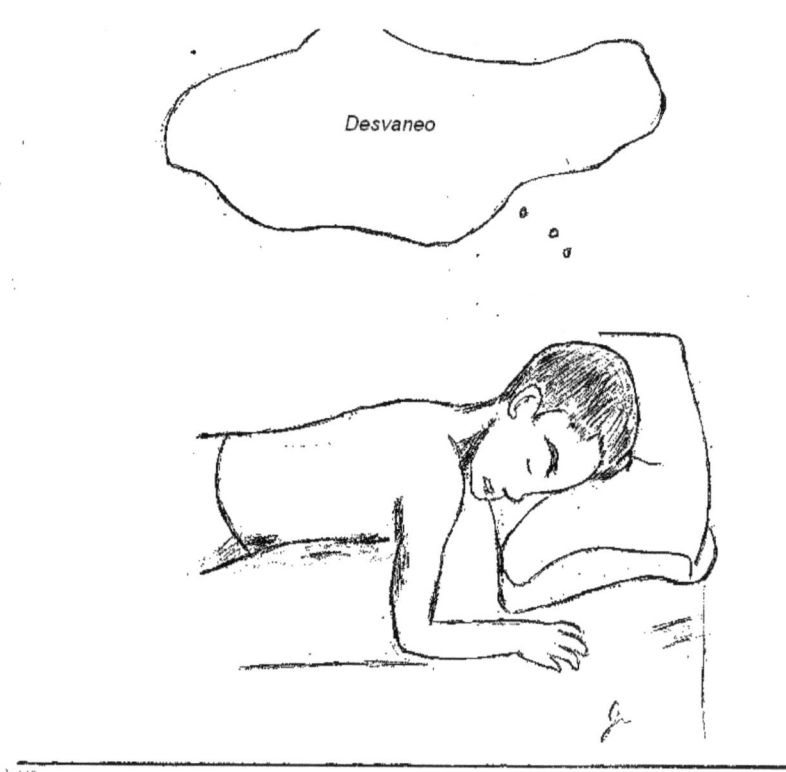

SI PUDIERA OLVIDARTE
(DESVANEO)

Es fácil que pensando te pueda olvidar,
pues en mi desvarío acudo a tus memorias,
sintiéndolas tan mías aquellas tus historias
y al verte desplicente surtiendo tus desprecios,
provocas una herida como un gran sacrilegio

Que si quiero olvidarte en este desvaneo,
recuerdo de tu boca, tus ojos y entrecejos,
expresión que humillarme fueron tus deseos
y cuando me decías que te irías muy lejos.

Y si en mis desvaríos yo quiero mencionarte,
posiblemente el sueño aniquile el memento
... como si en una cinta tratara de grabarte
... como si en esa cinta tratara de borrarte.

Sin embargo aún dolida el alma mía,
en mis noches de hastío quisiera olvidarte
y sangrando el corazón por esa herida,
en mis locuras quisiera consagrarte.

Observando la mirada de tu fotografía
... sacudo de mi mente esta melancolía

MI AMIGA SOLEDAD.

Cuando me siento muy triste
me consuela con su canto,
con el grito de la libélula,
la tristeza del corazón espanto.

Me complace con sus ondas
del ruido de nocturnas nubes,
bajo la luz de la luna
me entretiene con sus cuentos
y me adormece con silencios
y a veces por alguien pienso
y el celo la agoniza,
se pone muy esquiva y taciturna
y le escasean sus sonrisas
que hasta la piel se me eriza.

Y le cuento el cuento
de que soy muy sincero,
pero ella no me cree;
pasamos intensas horas
contándonos las tragedias
y los desesperados ratos,
escuchándonos las historias
y a ningunas de ellas
olvida en sus memorias;

cuando le cuento las mías,
dice que son diferentes
porque tienen Alegría.

Ella es la Soledad
quien me acompaña
y al despertar las mañanas,
extraño su compañía
cuando a veces se me escapa.

SILUETA

SILUETA

Es la silueta enmohecida,
es el astío del tiempo,
es la nostalgia feliz,
es la quimera fugaz,
es el soplo del olor de arrayanes
que contempló la noche,
son aullidos del perro.

Es el mar que reclama tu presencia,
son las olas inquietas
que bañan los manglares,
es el aroma del olvido que se hazaña,
es la brisa marina que con sus sales
salpican los recuerdo e ideales,
son los robalos, son las aves;
es todo aquello que rodea mi vida:
el olvido, esta bahía, los manglares,
los muelles y las aves;
todo eso eres tú; tú lo sabes.

Te ví en las aguas tranquilas
y después desdibujarte
con caprichosa huída
y te seguí en el vacío
inexplorables de los mares.

MI MUSA

Quién te inspira ?
Nadie, me inspiro con la soledad ardiente
que quema con este viento que a mi garganta reseca
y se hace la musa mía: la Soledad.

Y comprime mi corazón lleno de angustia,
que aunque afuera llueve y a esta hora mojada,
llena de humedad inmensa
no tengo frío, tengo el corazón
que quema de ira y melancolía,
... es que quiero pensar en ella
y rebasa mi mente el pensamiento
y su ingrata figura, su voz, su risa
y toda su imagen se me hace tan presente,
que termino comprendiendo que la quiero todavía

... Entonces, quién me inspira ?
eres tú? ... talvez eres tú,
racimo de pensamiento
y de mi inspiración,
que queriendo olvidarte
termino comprendiendo
que me muero por tí.

Te quiero querer más en las lejanías
                    - quimeras de la tarde,
cuando ya el sol marchito se enreda
                    - con el viento de la desesperación
y huyendo talvez del inmenso dolor de la
                    - vetusta soledad que arde,
caiga la noche plañidera de encanto,
                    - convertida en canción.

EL QUE DICE SER SU PADRE
(Historias que se repiten aún en algunas madres)

Agradezco a mi Dios, què bondadoso!
que la miseria en que me dejastes,
mi Dios la convirtiò en algo hermoso,
al regalarme un padre y sus linajes.

Es por eso que falta no me hicistes,
ni mucho menos ahora que estoy grande,
qué lamento decirte que hoy es tarde!
tú despreciastes la misiòn de bendecirte.

No quisistes salir conmigo en la carriola
y pasearme en los parques de arboledas,
talvez sentistes verguenza ser un padre,
o quizà dudaste que hijo tuyo fuera.

No sé si me dejastes llorando en una cuna,
o me dejastes despreciado allí en el suelo,
o quizá aún en el vientre de mi madre,
para evitar mi llanto y tu desvelo.

Qué motivo sirvió para el desprecio?
no recuerdo haberte dicho que te fueras,
al final del tiempo todo tiene precio,
tú decidistes que padre no tuviera.

No te sientas triste al despreciarme,
está seguro que abundan muchos de esos,
escasos son los que no son tan cobardes
y regalan a los niños sus caricias y sus besos.

Bendito a mi padre que me ha dado,
ese amor que necesité alli en la cuna,
le sobró corazón y amor necesitado,
lo que otros lo niegan sin fortuna.

A ese ser van mis parabienes,
mi comprensión y respeto que le debo,
Dios te bendiga papá en horabuena,
por tu apoyo incondicional a mis anhelos.

Me distes el calor de ese amor
en mis tiempos de frío y llanto
encendiste la hoguera en mi corazón
y supistes arrullarme con tu canto.

Esa fuerza que me daba esperanza
y tu entrega total en mis problemas,
me condenó a ser tenaz por tu enseñanza
y seguir adelante y olvidar las penas.

Y tú que dices ser mi padre, qué enfrentas?
supistes la historia de mis quince primaveras?
dónde estuvistes que no te distes cuenta?
al caso no te importó que eso sucediera?

Aunque quisiera quererte más no puedo,
mi padre me enseñó a no mentir
y aunque pudiera hacerlo yo no debo,
perdonar a un criminal, es delinquir.

LO QUE SOMOS

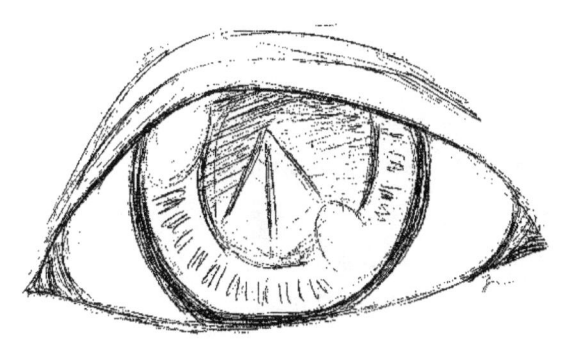

LO QUE SOMOS

Somos un soneto del tiempo
                 - sin verso,
somos como el inmenso mar de
                 - los vientos,
somos callejones sin salida y a veces,
como salida sin rumbo
al infinito mundo de lo desconocido,
…al misterio silencioso de tinieblas
                 - fantasmales,
donde a inmensurables distancias
                 - titilan las estrellas.

Somos como la enredadera,
somos bromas, ilusiones transitorias,
somos cosas que pasan,
somos turbulencia, somos nudos
                 - hecho añicos,
somos un soplo, somos viento,
no somos lo que creemos que somos,
ni seremos si así somos.

Somos una teoría que por ratos agonizamos,
cogemos fuerza si pensamos,
nuestro cuerpo se sostiene con las cosas
                - que inventamos
y a veces nos coge duda,
si cuando decimos lo que somos,
será cierto que lo somos o es algo
de las cosas que inventamos ?

Somos cristal transparente reflejando
                - una ilusión,
ese fino cristal del que somos:
vida, pureza, alma y corazón,

Somos viento, somos soplo del tiempo,
eso somos,
….. somos nada.

LA HIJA DEL CHAPURRÓN

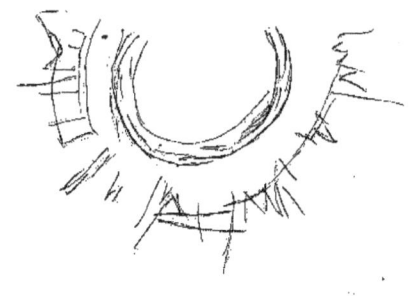

LA HIJA DEL CHAPURRON

El Chapurrón le decía,
porque él siempre pensaba,
que aquel suegro se veía
con la hija que él amaba.

Cuando en las tardes calientes
aquel viejo se aquejaba,
decía que su doncella
para enfriarse del calor,
en la piscina de al lado
semidesnuda se bañaba
y que su cuerpo excitante,
paralizaba en segundos
a su corazón latente,
cuando semidesnuda bañaba,
la hija del Chapurrón
en esas tardes calientes.

Y volaba la imaginación
en las nubes de la utopía,
que pudiéndole admirar
sus voluptuosos pechos
y aunque de rostro muy feo,
con pasión se le acercaba,
conteniendo respiración
y con furia de lascivia,
se frotaba sus mejillas
al mirarle su espalda,
sus caderas y su boca,
deseando besos, caricias,
que la niña sin malicia
se movía como loca,
la hija del Chapurrón.

RESABIO

Ya vistes! ya lo he dicho,
si por despertar mis sensatas locuras
me has hecho sufrir, ingrata has sido.

Desde el panorámico balcón
de la alcoba del ensueño,
he mordido la desesperación con mis anhelos,
cuando me ha flagelado el viento
que trae olor de los escombros del pasado
y he sentido vivir la violencia
del ingrato desprecio
y al incorporarse mi arrogancia,
la estampido se evita
y mi orgullo calcina
al invasor que me asfixia.

Y al caer de la noche en mis hondos recuerdos,
vuelve la pesadilla a fustigar mi paz
y encerrado en el profundo mar de ingratitudes,
el anhelo se amaina y pierdo la voz.

Y con el encanto del ego,
vuelvo a la lucha inquieta
a presionarme a mi mismo que debo continuar
y regateo un instante, por momentos debilito
y la fuerza me renace
y aunque mordiendo el polvo
me vuelvo a levantar.

Por eso yo te pido que no me hagas desaires,
si no tiene sentido que quieras humillarme,
si para contemplar mis sensatas locuras,
basta que me pidas que lo haga de rodillas
y que te diga:
        Vida, ya no me hagas desaires
y comtemples así mis humildes locuras,
que al escribir mis versos
yo resabio al Destino
y aunque lo respeto tanto me resigno a seguir
en la lucha inquietante,
porque al morder el polvo
la rabia me levanta.

Por eso te lo digo:
Vida, no tiene sentido
que quieras humillarme,
Vida ... ya no me hagas desaires.

AUNQUE QUISIERA

No te puedo querer como te quise,
tus desprecios hicieron añicos mi alma,
cuántas veces te pedí la calma ¡
para sufrir en delirio mi dolor,
mis súplicas lograron tu burla y orgullo,
poco te importó el sufrimiento de los tuyos,
mucho menos el precio de mi amor.

Así como estabas pintada antes
como postigo hechizo de madera,
así sonaba tan bien la talanguera,
cuando queriendo pasar el elefante
en estrepitosa huída de la hoguera,
igual tuvistes las mismas intenciones,
incendiando mi paz con tus traiciones.

DEJAME ALCANZAR EL CIELO AL SER TU DUEÑO

DÉJAME ALCANZAR EL CIELO AL SER TU DUEÑO

(Homenaje a Neruda)

Evitaré que seas vista por Neruda,
porque al mirarte te hará un mejor poema,
porque al ver tu pelo y tu hermosura,
podrá escribirte versos en teorema.

Podrá decirte las cosas tan hermosas,
que hasta el jardín teñirá con tus colores,
los perfumes de los lirios con tu aroma
y tus colores de seda como rosas.

Oirás el jolgorio del jilguero
y en los zarzales música celestiales,
llegando de nubes con luces de lucero,
coloquio de torcaces en los matorrales.

Por eso que no te mire Neruda,
porque podrá cantarte al solo verte
y eso será el pretexto de mi muerte
y aunque sin tener mi sepultura.

No me niegues la oportunidad querida amada,
ni calcines la esperanza de mis sueños,
ni me niegues la luz de tu mirada
y déjame alcanzar el cielo al ser tu dueño.

Evitaré que los ojos de Neruda.
logren ver tu tez y tus colores,
tan fácil será cantarle a tu hermosura,
como expresarte elocuente sus amores.

Por eso evitaré que los ojos de Neruda,
puedan ver tus caderas cadenciosas
y tu forma de mirar tan sigilosa
y el pretexto de hablar con tu ternura.

Ah! NOSTALGIA LA MIA

Para qué ufanar los hechos de ayer
y presumir los sueños de mañana,
si quizá al despertar el nuevo día,
volarán mis ilusiones sin volver.

Y el alba se volverá mi daga,
entonces mis sueños se habrán ido,
sin poder justificar que ignoraba
las circunstancias que he vivido.

Ah! Nostalgia la mía que se parece a nada,
de las cosas mundanas que conocí en el ayer,
vestimenta marchita por los años que pasan
y el olor de los tiempos que se fué sin querer.

Es mudo el silencio de todos los que gritan,
es calma la histeria quien padece y se excita,
ni los brillos del sol son siempre relucientes,
para qué desesperarte si casi todo es corriente.

En este planeta Tierra, la distancia y su medida,
su orbita y rotación es rutina conocida,
como el latir del corazón todos los días,
tus penas y sonrisas, las ansias y codicias,
gozos y sacrificios, son cosas de esta vida.

REFLEXIONES

Puedo esperar a que sea más tarde,
aguardar bajo el telón de la ignominia,
sentirse solo como el viento que pasa
y te quedas sin él para ya no mirarlo.

Ah tardes! de éstas tranquilas de ironía,
de éstas que sintiéndote muy solo,
resecan la garganta con gritos silenciosos
y el chirrido de los grillos
y sonar del aleteo de mariposas,
surcando con su sonido el viento,
saturando con nubes de bulla
la áspera tormenta, que descarga su ira
                     - al aturdido silencio.

Ah soledad! de ésa que goza la libélula;
la que sufre el desterrado de su Patria
                     - y se hace paria,
del huérfano que llora,
herido por el desprecio de Dios
                     - por llevarse a sus padres;
de esa soledad que regocija el alma
y de la soledad que trauma a quien le teme.

Ah vida! donde "ser" es pensamiento
y éste es luz, actividad ideada y objetiva,
es sentir que soy en cuerpo y alma,
es saber que todos somos
 y es también saber
     ... que no seremos.

OTRA VEZ... ESA RUTINA

OTRA VEZ ... ESA RUTINA

Y volveré ha encontrarte, Oh mar!
tus olas, tus chasquidos de peces
que al zambullirse en el agua,
producen un canto ligero
de pájaros torcaces.
Oh ademán del viento en los manglares,
que salpican de sal su horizonte,
llevándose consigo mis pesares.

Y volveré a ver las tardes doradas
extinguiéndose en el horizonte,
con trémulo sarcasmo por su muerte
y se encontrarán conmigo otra vez
las noches silenciosas, donde el anzuelo
espanta a los robalos al caer en agua
y las olas ... Oh las olas!
finalizando con sus ondas
a la orilla de la playa,
con su ruido de fiesta
con sus notas armoniosas,
en un constante sonido
en las interminables noches.

... Y volveré a encontrarme
otra vez en los manglares !
y estará el hombre de remo
en sus andanzas con su barca
y a veces, hacienda uso del viento
izará su perraje o una desteñida manta
y dirá que es un velero
y aprovechará su ida
con descanso en su partida
y de acompañante una nativa.

Ah nativas ! son morenas o mestizas,
fulgurantes y fogosas,
son de las que no dicen
si es el sol o es la luna que acobija,
con destellos de sus rayos
que refrescan o irritan,
lo único que ellas sienten
es el vaivén de las aguas
que acariciar las invita.

Otra vez estaré allí,
viendo llegar los barcos
pero esta vez lo haré sin tí
y veré salir las naves
y te extrañaré ... tú lo sabes,
cuando juntos compartíamos
despidiendo marineros,
ya no es preciso dijeron
de que tú no estás aquí.

Ah marineros !
se despiden de su vida
cada vez y en cada ida
cuando dejan a su esposa,
podré dejar cualquier cosa,
si es posible a mis amigos,
pues en ellos hay confianza
de encontrarlos por aquí;
pero pierdo la esperanza
aunque no quiera pensarlo,
bueno ... ya saben qué.

Otra vez otra rutina,
Oh manglares! Oh nativas !
... Otra vez esa rutina.

ESCUALIDA SONRISA.

Viene la dueña de la escuálida sonrisa
y despierta mi intención su voz de canto,
con su alegre caminar siempre de prisa,
que no puede mirar mi corazón en llanto.

Su mirada alegra a mi rincón del alma,
no importa que venga pensando diferente,
la frescura que trae es la brisa del alba
y el saludo que deja me sirve de aliciente.

Me gusta verla llegando moviendo sus caderas
y su hablar que provoca cuando mueve sus labios,
la suerte que no tuve que fuera una soltera,
que al tenerla de frente me muero de resabio.

Su cintura cadenciosa provoca su encanto,
el perfil de su rostro mostrando su belleza,
mi corazón se agita cuando la miro tanto,
que quisiera decirle que me mata de tristeza.

Hermosura de mujer irresistible,
derrochando ese cuerpo con su magia,
te hicistes para mi tan imposible,
me conformo mirarte con tu gracia..

PENSAMIENTOS DE UN PADRE

                 (Para mi hijo Héctor)

Sé feliz, porque en tí vibra esplendorosamente
                - un mañana de esperanza
y de trinos sonoros, porque recibes la potencial
                - brisa viajera de los mares,
porque sientes el huracán del tiempo dejándote vida
y porque recibes la energía de este Planeta,
con sus luchas de su humanidad tan desunida.

Por eso, sé feliz aunque pierdas el tren
en la estación del tiempo de tu vida,
no cubras de nostalgia y de hastío
lo que puedes remediar con tu Alegría.

Mi hijo, el pincel de mi vida,
el vuelo del pájaro en el surco del viento
                - con dirección infinita,
cruzando el umbral del horizonte
en busca de la metáfora que no ha perdido,
se queda extasiado cuando ve que en tantos años
en sus leidos libros, desecha de sí
las infinitas corrientes de la filosofía
y busca descubrir la fuente en donde
podrá cristalizar la metáfora de su poesía.

Busca incansable en insoslayable costumbre de leer,
la cascada aquella que lo transporte en su caída,
al mundo de la inspiración en fantasía
y plasmar con su pluma, los extraños
y delicados paisajes de la poesía,
con cinceladas indelebles que perduren
como la piedra dura.

Allí está él, fulgurante y decidido,
esculpiendo con su cincel de ideas,
que a diario lo hacen renacer
en su corta trayectoria de la vida.

MUJER DE TANTOS AÑOS

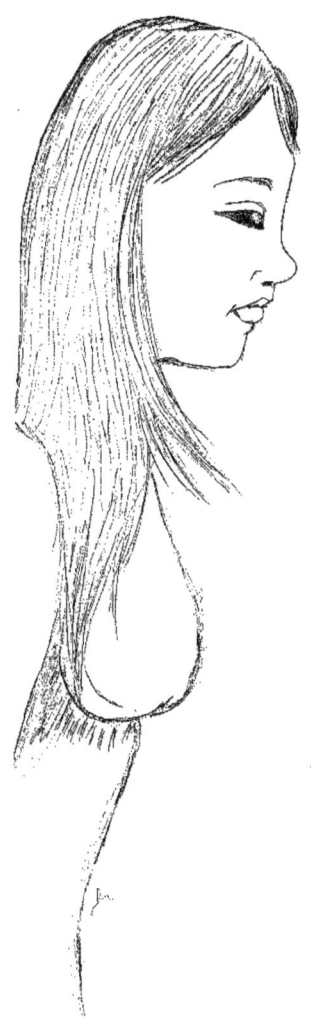

MUJER DE TANTOS AÑOS

Mujer de tantos años,
mujer de tanto tiempo,
que circulando el viento
me vienes a buscar;
como en los cuentos de antaño,
la historia se repite
y que linda es la vida
que te vuelvo a encontrar.

Mujer de barro,
que a mis sentimientos alienastes,
que bebiendo tu imagen sorbo a sorbo,
soñando la felicidad que me inventastes,
me hicistes un calvario de ilusiones
y que en la adormecida almohada
pusistes en mis sueños tus pasiones,
que en las noches despertaba perfumado
del aroma de tu cuerpo que no estaba.

Pero sí estabas conmigo
en mi almohada y en mi mente,
sutil refugio que usastes cada noche,
para esparcer tu aliento en mis derroches.

Eres un racimo de uvas frescas
endulzadas en tu boca,
que al abrir tus labios traviesos
con tus besos sensuales me provocas.

Niña, con tu mentón de canto,
tu sonrisa en tu cara
se dibuja en tu boca,
espantando así mi llanto.

Niña, tu nariz, mirada y sutileza,
iluminan tu rostro la sonrisa,
semejando el mirar de Monalisa,
provocando la envidia de belleza.

Mujer de Barro y de porfía,
mujer de tanto tiempo,
que me hicistes creer que me querías
y me distes amor de sufrimiento.

...

FUE QUIZA UNA MENTE DE ESE INVENTO

Dicen que estuve aquí
y aunque yo no lo recuerde,
no sé si fuí o quise ser
y el tiempo se encargó de ser así.

Pero el asunto tiene raíces de empeño,
que quieren escandalizar lo que yo fuí
y el silencio de mi interior
me dice que siempre es así,
que te buscan que te encuentran
y nadie comprueba si eso fué
y que pasó de lo que fuí ?
talvez posiblemente, quizá sería cierto,
a lo mejor en un éxtasis de frenesí,
el tiempo lo dió muerto.

Que tuve varias amigas
cuyos nombres no recuerdo,
porque la mente es así,
el inconsciente a veces
se precisa de saber y no saber,
de poder y de creer y no creer,
al fin y al cabo el beneficio es el olvido;
que revuelta se haría en mi cabeza
si lograra recordar algunos nombres,

me sentiría soñar aquellos tiempos
arrinconado en los recuerdo de aquel Conde,
vividos en momentos de inconsciencia
y tuviera que quizás bajar cabeza,
por lo que no tenía que haber hecho,
si alucinando esos recuerdos con destreza,
y quizá de esos impulsos
talvez lloraron mis amigos,
por quitarles quien sabe si su Ilusión perdida
o por ser pariente o amigo de mi amiga.

No... mejor no recordar nada de eso,
mejor pensar que no hice nada
para caber cómodo en mi tumba,
sin jolgorios, sin reclamos ni festejos,
evitando problemas y tropiezos
por aquellos actos de travieso
y pensar que no hice nada
y que nunca me dí cuenta si fué cierto
o fué quizá una mente de ese invento

LO QUE DE DIA PRESIENTO

Dormido te miro
lo que despierto no pienso,
silueta que admiro
lo que de día presiento.

Cuando despierto te tengo
y tu imagen confortable,
en mi pecho está tu cuerpo
con respiración descansable.

Agonizan los desvelos
y las ansias de costumbre,
los desplantes y los celos
con sabor de incertidumbre..

POR TU AUSENCIA

Y si me dejas o si te dejo!?
en las noches frías
se pregunta mi alma
y cuando te me acercas,
la niña que te busca,
la otra que reniega,
son las cosas que gustan
como las veraniegas.

    Va vibrando la vida
    y el eco de tu voz
    lo escucho solitario,
    nadie entiende mi idioma
    del sentimiento interno,
    pareciera que en mi vida
    aquí existe el infierno.

En la batalla al frente!
me repito otra vez,
conciente de la lucha,
al combate valiente!
para gozar después.

Así paso mis tardes
trémulas y pensativas,
ahuyentando lo cobarde,
lo que sufro por tu ida.

En mi mejor pensamiento
y aunque tú no me comprendas,
por qué el timbrar de mi voz
es tenue al arrebato del viento
en dirección de tus sendas?

Así me gustas, con
tus defectos, tus locuras,
lo gordita y arrebatada,
luciendo sin hermosura
o con hermosura o nada.

Calcinando tus defectos
el amor es tan idiota,
que quererte es un pretexto
por tus virtudes y otras.

Así van pasando los días
tan lentos como los años,
cuando el sol nace cantando
la luna se va llorando.

MI CALOR Y TU FRIO

Tengo el suficiente calor pa' calentarte
y tú debes tener el suficiente frío
               - para enfriarme
y con esa diferencia,
no te pediré nada
ni tú puedes negarme,
porque sólo así,
mi calor será tuyo
y tu frío mío.

… Y llegarás a buscarme
y te estaré esperando
con mis labios entreabiertos,
para besar tu frente
y entregarte el calor de mi aliento
y sentirte mía y sentirme tuyo
al estrecharte a mi cuerpo
y sentir las vibraciones de
               - tus pechos erectos,
y sentir la alegría de tu vida
y trasladarte la mía,
para fundir en ferviene agonía
con pasión, con abrazos y besos,
mi Calor y tu Frío.

Y así disfrutar por ese instante,
lo que vivistes sin tenerlo
y que sentistes sin vivirlo,
lo que no tienes ahora
y lo tuvistes conmigo.

PRESENCIA DE SOLEDAD

Adiós rutina de mis esperanzas,
por un tiempo vagué contigo en ese mar inmenso,
hoy quiero estar sólo sin fé y sin tu presencia,
sentir que soy sin "ser" con existencia,
que tengo algo en nada de pensar y hacer,
vivir tranquilo inmerso en este tiempo vacío,
no sentir el calor porque no existe el frío
y correr tras el vagón que me deja perdido.

Y ver el horizonte que a lo lejos se pierde
tras una polvazón que me robó promesas,
es mejor estar en este desierto a tientas,
sin esperar a vos, sin esperar a nadie.

Aquí no existe nada, sólo existo yo,
sin angustia de nada porque todo lo tengo;
mi misma soledad no es de nadie,
mi mismo yo, lo formo todo;
lo que sustenta mi alma lo tengo en abundancia,
que es esta Soledad, inmensa como el mar de los vientos.

Sentir que soy sin "ser" con existencia,
que tengo algo en nada de pensar y hacer,
haciendo estoy el panorama vacío de mis pensamientos,
mi rica Soledad ... abastece a mi "ser".

DEJA MUJER

DEJA, MUJER

Deja ver mujer tu piel desnuda,
deja sentir tu respiración,
en un cuarto tranquilo de luz
                 - y de inocencia,
deshojando caricias y armonía
                 - de tus movimientos,
presencia de belleza, perfume de pasión.

Quiero sentir tu corazón y contemplarte,
sentir el perfume de tus senos,
el aliento de tu encanto y cobijarte,
con mi mismo cuerpo sentirte y estrujarte,
estrujarte tiernamente de locura
y hacer sentir el fervor de mis labios
                 - en tu boca fría
y rechinar con mis dientes llenos de ironía,
porque tus labios han tenido el sabor
                 - que te dieron los míos.

LO QUE QUIERO

LO QUE QUIERO

Quiero que sientas en tus pensamientos,
que sientas mis besos y me des tu aliento,
quiero que prefieras de que te acaricie
y la soledad del dia no la desperdicies.

Quiero que me pidas de que te cobije,
con fuertes abrazos y me pidas besos
y pongas mi mano sobre tus guedejas
y nunca me dejes en las noches tristes.

Quiero acariciarte en la vetusta tarde
y que tú me digas tiñendo la noche,
que me quieres mucho sin hacer alarde
y que tú me creas sin ningún reproche.

Quiero que te asomes
en los barandales de mis sufrimientos,
quiero de que goces si es que lo prefieres
                    -cuando tú los veas.
que me tienes loco con pasión ardiente,
... se acerca el suicidio si tú no me quieres.

CALVARIO

CALVARIO.

Si te alejas consistente,
con el dolor que me dejas
y caminando tan sonriente,
acaricias tus guedejas.

Al cabo de la jornada,
no me acordaré de tí,
aunque hoy sufro la estocada
de tu increíble frenesí.

La vida causa extrañeza
y no me extraña tu furor,
pues con una gran destreza
me fingistes el amor.

Cuando ames a una mujer
no le des todo tu amor,
apenas le das querer,
su recompensa es dolor.

Por eso mar de mis amores,
el calvario así concluye,
cuando tú mandas las flores,
su amante las destruye.

CANCIONES

CANCIONES

Cuando los pájaros oigan mis versos
        - a mi amada,
agregarán su trinar de hermosas melodías,
el día tomará sus colores de alegres alboradas
y correrán los ríos con sus aguas viajeras
y el verdor de los campos adornarán la pradera.

    Con la inspiración de mi ilusión soñada
    y los colores de unas flores extrañas,
    tenía de fondos frágiles montañas
    cuando mi amor a mi alma acompañaba.

Y aquellos llanos de yerbas agrestes,
rocas que forman nanantial de llanto
y el pájaro con su dulce canto,
dan hermosura con la flor silvestre.

    Acaso no se conjuga el sol con los ríos,
        - los jardines y los montes?
    acaso la luna no ha besado alguna vez
        - los horizontes?
    quiero escribir para la amada mía,
    mis ideas iluminadas por su mirada fría.

ILUSIONES OBJETIVAS DE UN POETA

ILUSIONES OBJETIVAS DE UN POETA

Nosotros hemos visto cosas bellas,
hemos visto formarse un hondo y profundo
*   - abismo con un silencio,*
hemos visto elevarse como una colina a alguien
*   - con una sonrisa,*
hemos podido ver en la noche oscura,
iluminar el sol tranquilamente
como en la alborada de una mañana hermosa.

En cambio, hemos podido ver en días de sol
nubarrones y oscuridad profunda;
podemos elevarnos y respirar el aire
que esta arriba sobre las nubes
y si es posible nadar en ese mar de vientos
y dejarnos llevar por su corriente.

podemos "ver" y "sentir" de distintas maneras las cosas;
nos alimentamos de verbos, conjugamos el viento,
respiramos el tiempo y masticamos palabras
y cuando eruptamos
….. nos salen pensamientos.

DILATANDOTE

*El tiempo se dilata,
como dilatas tú mi ser amada,
exhuberante codicia
de tenerte entre mis brazos
y sonreir al sentir que no te tengo;
mi ilusión, desespérame a ratos.*

*Qué carajos !!!
si no puedo tenerte
y ni siquiera mirarte,
encenderé con intención
de hacer incendio,
una llama de un fogón
de circuitazo !*

*Y consumirá todo
en un momento
y se levantarán
las llamas del incendio
y en humo se irán
mis pensamientos,
penas, ilusiones, pasiones
y todo lo que siento.*

PARA ENTONCES

Y ella se va y yo me quedo,
divagando mi mente por lo nuevo,
meditando en silencio:
vendrá otro vez ?
... ya no lo creo.

No te culpo mujer de mis entrañas,
llena de orgullo en tu hermosura,
evitas palpitar mi corazón cerca del tuyo,
no te olvides que al pasar los años,
habrán muerto tus lozanas primaveras
y al buscar remediar lo que has perdido,
simulando pensamientos de nube pasajera,
echando al viento los años y tu ira,
te embarcarás al abismo insondeable del olvido.

Para entonces, emprenderé mi viaje,
el viaje es por el planeta Tierra,
el Hombre se limita con fronteras,
anda y echa a correr los horizontes
y verás que las flores y los montes
se dan en la misma primavera.

... Para entonces
no me detendrán los muros de los Hombres
y alzaré mi libertad en vuelo de gaviota.

A TU CORAZON

Por qué cierras los ojos morena hermosa?
por qué callas tu voz tan melodiosa?
porque si alguna cosa no te ha gustado,
decirla es mejor que estar callada.

Porque sino le ríes a esas penas,
tú les das vida eterna y te condenas;
si por el amor que hicimos de ilusiones,
llena puse tus manos de mis ofertas e intenciones.

Y hoy en mi bosquejo solitario,
recuerdo las promesas que te hacía
y por no saltar la voz mordí mis labios,
cuando tú de ese sufrimiento te reías.

No vayamos allá por la ignominia,
no es preciso llegar hasta el desprecio,
son defectos que a las almas contamina
y en el recuento también tendrán su precio.

Sin intención de hacer historia,
recuerdo tus diecisiete primaveras,
perfumastes con ellas mi memoria,
evitando mi vuelo de ave pasajera.

Eres parte de mi vida, tú lo sabes,
no puedes evitar los sentimientos,
no soy un reptil, soy como un ave,
si no quieres que vuele ... suspende el viento.

Ya mi pluma te dijo lo que pienso,
por un instante pensé que me querías,
recibe si puedes mi saludo inmenso
o rechazas de una vez mis Alegrías.

SI A CASO ... DESPEDIDA

Despedida talvez,
si así lo quieres,
con ironía mujer,
si lo prefieres.
Me hicistes pensar soñando,
si pudieras remediarlo procura,
si tu orgullo no permite, destruye,
... destruye de mi mente que te busque.

Sollozos los despojos que me hicistes,
vanas promesas que a mi amor crecieron,
volvamos a encontrarnos te lo dije
y con sarcástico desdén lo destruyeron.

Volvamos a empezar ... no te parece ?
ayer lo hicistes tú con gran dulzura,
déjame enredarme en la vetusta plañidera
     - de la tarde
y demostrarte que te quiero con locura.

Procura, si es que crees de que un día me quisistes,
olvida , si es que es falso lo que aquel día me escribistes,
no llores, si por mis sollozos encuentran tus lamentos
     - reprochando tus enojos,

Recuerda,
que tu tiempo es igual a la distancia de tu vida
y en ese tiempo procuraré estar presente
hasta el último momento que me olvides
y aún me seguirás recordando,
porque seré para tí como el aire saturado de oxígeno,
sin perjuicio y llamarás mi nombre y apellido,
en las noches de cielo despejado y colgarán
                    - las estrellas
y una luz reminiscente para decirte: No Te Olvido!

Y te acordarás de aquel día, de aquel beso,
de aquel beso profundo fundido entre mis brazos
y sentirás el aliento y el pefume de aquella
                    - tarde hermosa,
cuando los árboles, las palomas y las rosas,
celebraron con aplausos y perfumes,
como premio a tí de aquel amor divino.

Así allí estará tu mente, allí estarás conmigo
                    - sintiéndome presente
y entregando tu alma a quien sabías que amabas.

Trata !, si tú lo quieres, inténtalo
y olvídame si puedes,
más … no lo niegues,
por qué te martirizas si no puedes,
a caso crees que es fácil olvidarme !??

SIN QUE NI PARA QUE

Sin qué ni para qué digo tu nombre,
sin qué ni para qué te miro en las esquinas,
y oigo tu risa y tu voz que me ilumina
y siento el perfume de tu aliento
y el palpitar de tu corazón
                        - cuando te beso
y al despertar me mata el sentimiento.

Te ví muchas veces en caras extrañas
                        - y cuerpos distintos
y me enfurece cuando te acarician
y luego pregunto:
es tuyo ese cuerpo con cara extraña ?

Sin qué ni para qué miro tu cuerpo,
sonries conmigo y tus labios entreabiertos
y siento el perfume de tus besos
y el sudor de tus axilas en exceso.
  .

Sin qué ni para qué, yo te he amado
y digo tu nombre y apellido
y luego veo que no estas conmigo,
sin qué ni para qué,
… te fuistes de mi lado.

DEL EXTASIS

Qué no te quiero ?
me escandalizas con eso,
yo quisiera que pensaras
lo que por tí he sentido,
yo quisiera que sintieras
lo que por tí he tenido,
siempre te he querido,
te quiero como a mi vida.

He sentido todo el tiempo
que eres una parte mía,
si tienes cualquier dolor
yo también me desespero,
si no tienes ilusión
yo procuro darte alguna
y siempre que estás contenta,
mi Alegría es extensiva.

Yo te quiero con ternura,
no por tu piel tan suave
ni por tu cabellera larga,
no te quiero por tus ojos
que todas te los envidian,
no te quiero por tu cuerpo
que es completa hermosura,
yo te quiero amor mío
...porque eres parte de mi vida.

RETORNANDOME A TI

RETORNANDOME A TI

Recogeré el sombrero que he botado,
buscaré el arado que he perdido
y empuñaré en mis manos la semilla
y regaré con ella la tierra productiva.

Verás crecer las plantas como en la primavera,
cosecharás el fruto con olor a su tiempo
y beberás el néctar del sudor de mi frente
y me echarás de menos por mi espacio de ausente.

Ya verás que mis manos son capaces de todo,
empuñaré el arado como empuño mi pluma,
si mis versos son simples y a veces son dulces;
qué me importa si a veces como en los animales,
si al beber de la fuente las aguas cristalinas,
ensuciamos el agua por las patas metidas !!!
... Ya vendrá otra corriente de fluidos naturales,
que limpie el agua sucia por haberla teñido.

... Ya verás que mis manos son capaces de todo!

DIME MUJER ... QUE QUIERES QUE HAGA?

Lee mujer este poema con tu empeño
y sabrás al final quien es tu dueño,
aunque duermas a distancia y con suspiros,
jamás entenderás por qué no sientes paz y te has ido.

A distancia y con suspiros de tus sueños,
la frase aquella que te dijo el imberbe de tu vida:
"pase lo que pase, estaremos juntos y seremos felices",
carecen hoy en día de verdad en la estampida,
más bien parecen que fueron eces de codornices
y jamás encontrarán la paz y la felicidad
si en el transcurso de tu viaje,
olvidastes al levantar cobija como las sabandijas,
el cambiante cascarón de tu vientre y sus redijas
y aunque sintiéndote lejos de tus suspiros y tu llanto,
ya perdistes el color del maquillaje y de tu encanto
y hasta tus guedejas esperan el calor y las caricias que dejastes,
que aunque sintiéndote de otro dueño,
escapas sollozando en pensamiento y con tu cuerpo,
a parar a mis brazos y mis lívidos besos.
Dime Mujer… qué quieres que haga?
si a gritos tú dices lo contrario de lo que haces.

No olvides pensar que ya perdistes
la magia de tu encanto;
qué frágil fuistes al tiempo
que atrapó tu piel y tus abriles!!!
que tu marido en las noches febriles,
hoy no siente que se alimenta de tu vientre.

Qué veloz envejeció tu cuerpo y maquillaje,
decepcionando al gran amante de tus fantasias!
no mucho sirvió cambiar por nuevos uniformes
                    - de marcas conocidas;
brassieres luciendo arriba al descubierto,
estilos de peinados y nuevo maquillaje,
tangas agitadas y bloomers dejando partes sin ropaje!?
y los pacientes gozando con deleite de tu imagen.

Dónde está la felicidad y la paz que pregonabas?!
no es lo que miro en los ojos de esta anciana,
que ahora hasta se muere ansiosa
por lograr complacerse en la cama.
Dónde está la felicidad que se escapó en un suspiro,
quizá está arrecostada en un postigo
o al caso sólo fué felicidad para el ombligo…?
Al caso por llegar a los cuarenta haces "eso"?
y quisieras revestir tus encantos y tus besos
al primer "chacal" que pasa por tu puerta
y en tu arrebato a esa edad te vuelves tuerta
o no vistes por no abrir bien la puerta ?
cometiendo el error que te lleva a la tristeza
o a la mofa de la sociedad
o al azmerrir por tu cabeza?

Dónde está la felicididad
que es el triunfo de la vida,
que se te perdió en tu ridiculez de tu escogida?

Ahora dime dónde estás, qué estás haciendo?
por qué no te diviertes un ratito con este intelecto,
permíteme jugar a escondidas allí en tu vientre
y sentirme un rebelde con mi rifle de combate
sobre tus erectos pechos
y beber el néctar de la vida en tu vagina
y pegar el grito desde el cielo
al llegar al éxtasis en tierra,
sobre tu voluptuoso cuerpo
y encender la antorcha
de la libertad de las penas,
por la torrente presión de la sangre
corriendo por mis venas,
aunque sea por un rato.
Y no creo que no sepas lo que quiere
hacer contigo este ilusionado mentecato,
si sólo jugar a escondidas el alboroto
de sus insolentes hormonas varoniles,
o travesear con frágiles deslices de sus manos
en tus costados o chupetear tus glúteos o tu ombligo;
dime Mujer ... qué quieres que haga ?

Mi dama preferida, la que haciendo sangrar la herida,
a veces le da por complacerme en su huida
y aunque quiero olvidarla,
con sus movimientos y succiones vaginales,
termina encendiéndome al placer
con escape de mi vida.

*Ven mujer que entera fuistes mía
y por tus caprichos y por cobardía,
me cambiastes por buscar tus fantasías;
yo sé que tú lo sabes,
que era mejor tu vida con la mía,
sin tener que lamentarte cada día
por tus desvelos sin lograr tus fantasías,
ni la paz, ni la felicidad de "Alegría"
y todo eso que buscabas
y tener que ver huir la magia de tu encanto,
transformado en ridiculez y hasta en llanto,
y que los años te están haciendo estragos
y te duele saber que él también lo sabe.
Dime Mujer ... qué quieres que haga ?*

PARA QUE YO TE AMARA

Quiero hacer del olvido mi pasatiempo,
callar la angustia y mis sentimientos,
que me irrite la vida por los rencores,
que me traiga espantos fermentando sabores,
como si fuera cierto lo que he tenido
y se escapó volando como el sonido.

II

Te robastes la tarde y en la noche fría,
somnolienta y serena tu canto brilla,
vibra el corcel que tira a su carruaje,
lleno de besos, vacío de coraje.

III

Para que yo te amara de vestistes de luto,
elegante diseño que engalana tu cuerpo,
mejor hubieras dicho que me querías muerto,
muerto de amor por estas noches mustias.

PORQUE ME FALTAS TU

Aquí donde el aire se acaba,
donde se camina sobre un fondo vacío,
en una soledad bulliciosa, donde tus palabras
piden en diferente idioma del
                     - entendimiento humano,
donde caminas como autómata,
riéndote de tu tristeza y gozando
                     - de tus mismas penas,
en donde tú eres payaso de tu vida
y en donde te asfixias cuando meditas y hablas.

Aquí donde el aire se acaba,
en donde tus penas tienen otro idioma del
                     - amigo y del vecino,
en donde tu soledad acaricia con sonidos estrepidantes
tus sensibles calmas y echas a correr con tus versos,
a bailar tus poemas musicales que sólo tú escuchas,
que sólo tú entiendes y bailas,
bailas como el payaso del circo,
que por dentro un torrente
de lágrimas sacude su alma.

Aquí donde el aire se acaba,
el jardín engalanado con rosas lozanas,
careciendo del perfume que antes tenían,
los blancos lirios se mantienen inválidos
porque su color carece de belleza.

Aquí donde el aire se acaba,
se me acaba la vida
... porque me faltas tú.

LOCURAS AL PARTIR

Voy en busca de tí que te he perdido,
te busco con la luz del sol y de la luna,
con la luz del rocío de las estrellas,
te busco con la luz de mis desesperados ojos
que provocan el deseo inmenso por mirarte.

Talvez te encuentre dibujada en los jardines,
o talvez en otros cielos te formes como nube,
quizá pueda encontrarte en las riveras de otra playa,
cuando saliendo el sol o talvez al ocultarse;
talvez tenga la dicha de mirarte
                - dibujada en los celajes,
talvez te dignes de mí y en una de esas tardes
sombrías, húmedas de silencio,
                - en remolino te formes
y que en arrebato de un frágil viento,
puedas romper mi aura, puedas tomar mi tiempo.

… Locuras, bien lo sabes, son locuras,
locuras de pasión y de amarguras,
estas locuras que tengo por tí;
son locuras también tus presunciones,
tus presunciones mujer, por tu figura.

Después, los cielos arrebatarán tu tiempo,
el aire disipará tu encanto,
los años acortarán tu vida
y no podrás sonreir ni me dirás adios
… en tu partida.

VERSOS PARA TI

Acostumbraba verter mis lágrimas en el polvo reseco
y el lodo cristalizaba mis esperanzas marchitas,
una tarde de lluvia me dejó un pensamiento,
húmedo por cierto, con el olor del viento.

    Soñaba las ideas de los seres mortales,
    cantaba las versiones de mis antepasados,
    oía el susurrar de las hojas tranquilas
    y el aleteo de la paloma asustada.

Huí desesperado, sigiloso y vacilante,
un frío en la espalda cobijó de inmediato,
crucé el arroyuelo y sus tristes zarzales
y en la oscuridad me introducí vigilante.

    Plasmóme al ver que la luciérnaga inquieta,
    quiso iluminar mi sendero perdido,
    busqué refugio en su tenue mirada
    y con su poca luz, encontré mi camino.

Después ... oirás mis canciones sin versos,
mis cánticos sin música con melodía,
y cantarás la canción que hoy te canto,
para que no olvides mis alegrías.

Salud, salud !, tú no me llores,
que mi garganta está reseca de
- detener mi llanto,
Salud, salud !, no te abandono,
regresaré muy pronto
o te estaré esperando.

MEDITACION

Venid y ved lo que estoy pensando,
venid y ved que lo que pienso,
     - tiene más hermosura de lo que mirais;
venid y ved que mi arrepentimiento
     - salta a la vista,
venid y saciad la sed de tu locura,
sentid cerca de mi los sentimientos
y de ellos bebed todas mis verdades,
saciad tu sed de tus incansables dudas
y así comprenderáis amada mía,
que lo que pienso tiene más hermosura,
hermosura que en mí llevo tan dentro,
para daros a vos y haceros feliz,
ved mi corazón cuánto os quiere,
por las heridas que sangra siente que se muere,
venid y ved que mi arrepentimiento,
     - sueña con el perdón que os suplica;
suficiente sufrí, me considero,
sobre mi espalda han caído amarguras,
de continuar así, morir prefiero.

II

Quisiera ser tu aliento, tu alimento,
para daros más vida y haceros feliz,
quisiera que soñarais con las cosas bellas

y sintierais vivir tus alegrías, tus anhelos,
que sintierais aromas de mirras y cantar de estrellas,
que sintierais el canto de las aves
cuando vienen volando
y alegres jilgueros enamorados
con inquietantes y sutiles mariposas
y jardines que regalan el color de sus pétalos de rosas
  - salmodiados de encanto,
que sintierais la frescura de las tardes lluviosas,
que vivierais con el calor del sol y el perfume de las flores,
y oyerais el viento cuando viene cantando
melodías extrañas con su aroma silvestre,
quisiera adornaros con el cristal de la cascada
  - del río aquel de la montaña,
quisiera daros vida y haceros feliz y recibir tu encanto,
  - y que nunca nunca me pregunteis
... por qué os adoro tanto !!?

MEDITACION II

Ven y ve lo que estoy pensando,
ven y ve que lo que pienso,
     - tiene más hermosura de lo que miras;
ven y ve que mi arrepentimiento
     - salta a la vista,
ven y sacia la sed de tu locura,
siente cerca de mí los sentimientos
y de ellos bebe todas mis verdades,
sacia tu sed de tus incansables dudas,
y así comprenderás amada mía
que lo que pienso tiene más hermosura,
hermosura que en mí llevo tan dentro,
para dártelas a tí y hacerte feliz,
ve mi corazón cuánto te quiere,
por las heridas que sangra siente que se muere,
ven y ve que mi arrepentimiento,
     - sueña con el perdón que te suplica;
suficiente sufrí me considero,
sobre mi espalda han caído amarguras,
de continuar así, morir prefiero.

II

Quisiera ser tu aliento, tu alimento,
para darte más vida y hacerte feliz,
quisiera que soñaras con las cosas bellas

y sintieras vivir tus alegrías, tus anhelos,
que sintieras aromas de mirras y cantar de estrellas,
que sintieras el canto de las aves,
- cuando vienen volando;
de alegres jilgueros y enamorados,
con inquietantes y sutiles mariposas
y jardines que regalan el color de sus pétalos de rosas
- salmodiados de encanto,
que sintieras la frescura de las tardes lluviosas,
que vivieras con el calor del sol y el perfume de las flores,
y oyeras el viento cuando viene cantando
melodias extrañas con su aroma silvestre,
quisiera adornarte con el cristal de la cascada
- del río aquel de la montaña,
quisiera darte vida y hacerte feliz y recibir tu encanto,
- y que nunca nunca me preguntes
... por qué te adoro tanto ¡?

UNA CANCION PARA MI AMADA

Despojos crueles que duelen tanto,
quisiera en un suspiro convertir mi pena,
quisiera en un delirio de mis horas buenas,
convertir en pasado el presente ingrato
y esta pesadilla que se vuelva sueño
y convertir mi martirio en ilusión sin dueño.

Ven y verás que lo que lloro, no son lágrimas,
son suspiros, angustias y congojas,
son la ácida hiel del delirio de mi vida;
es aquello que dejó el alma herida,
es la insensatez, la plegaria al despojo,
son los hálitos mal olientes del pasado venenoso,
es la quimera hecha canción,
con música que se roba el viento
a través de la distancia
y nos llega unicameante un sonido.

Ven y verás que es lo que siento,
siento la vibración del sonido,
        - aquel de la distancia remota,
de esa que ahoga mis gritos cuando te llamo,
la que estrangula mi garganta al querer
        - decir tu nombre
y se queda silenciosa al caer la noche
        - esperando un mañana.

Siente mi corazón vibrar tus emociones,
tu sonrisa escuálida en la plañidera tarde
y tu mirada profunda cuando amanece el día,
la brisa que me trae la ilusión del te quiero,
ese que me decías cuando te me acercabas;
pero la brisa se esfuma cuando quiero preguntarle
qué tú dices, qué más piensas ?
… y el sentimiento se escapa en un chillido
                - que se hace viento,
se escapa por las ventanas, por las puertas
y me huye en un principio por las calles y después
… se me pierde, se me esfuma,
como te esfumas tú en mis noches inmensas,
como te escapas tú de mis locuras, del tiempo,
como me huyes tú en mis sueños profanos
y me haces sufrir cuando luego despierto.

Siento la consistencia de que soy al principio,
siento la enexistencia por algo que me falta,
empiezo de momento a buscar ese algo
y ese algo se ha ido y ese algo eres tú.
Siento la turbulencia en las cosas que pienso,
siento que si no pienso, fracasa mi existencia
y cada vez que pienso,
aunque por ese mar de la distancia,
tu imagen siempre llega, llena de vida,
llena de "Ser", a este pensamiento.

... Entonces resurge mi voz,
con tu imagen teniéndola presente
y grito entonces desesperado al tiempo:
que no me haga esperar,
que cambie la dirección del viento
para que vuelvas tú, para tenerte yo,
que te espero con los brazos abiertos
y fundir mis brazos con los tuyos
en un beso inmortal,
con nuestro entendimiento.

ASI QUIERO VIVIR AL ESTAR MUERTO

Pensar como los árboles al sentir en sus ramas
el desesperado viento que pasa y lleva prisa,
que pasa en busca de la vida y se amilana
y que va a estrellarse en la tarde que agoniza.

Y empezar a pensar como las aves,
cuando abandonan su nido y suben
de cuando en vez hasta las nubes,
sin inventar sus colores que ya sabes.

Pensar como las piedras del camino,
que miran caminantes sin destino
y al preguntarles la dirección del viento,
no saben del sur ni de su pensamiento.

Como los ríos vaciando sus aguas
en la rivera del mar enfurecido,
por la señal del marinero
que prefiere callar en su velero.

Saber del ayer y del mañana,
del arco iris y su horizonte,
correr como los rinocerontes,
como águilas volando al pinacho
enmohecido, con la nieve derretida,
por la furia del sol de ese dia.

Volando, corriendo y apacible,
como el felino feroz e invencible,
en la maleza del desierto,
a la orilla del arroyuelo muerto.

Así quiero sentir la vida,
vivir feliz como los felinos,
acostarme en las nubes
y tener lo que no pude.

Vivir como las piedras y descansar sin sueño,
vivir como los árboles en la espera preciosa
de la visita del viento
y mirar mariposas en su tiempo,
estar así ... soñar despierto,
así quiero vivir al estar muerto.

A UNA NIÑA CAPRICHOSA

Hoy se puso trémulo mi corazón,
lloró en silencio como las noches frías,
que se llenan de espanto y de melancolía,
buscando la razón, buscando explicación.

Cómo te ví ayer como los pajaritos,
despuès de un garubón que mojan su plumaje
y trémulos de frío buscando en un rincón,
el calor de la vida, para tener corage.

Como evitando algo, como huyendo de todo,
con temor de las cosas que lastimas sus cuerpos;
como huyendo de algo y sintiéndolo todo,
se arremeten silenciosos, cabizbajos, temerosos.

Cómo te ví ayer, mi paloma bien amada,
en el rincón de tu alma estabas desesperada,
yo ví correr tu llanto como perlas encendidas,
huyendo de una montaña, del cielo raso o de tu vida.

Tristemente y muy huraña estabas en mi partida,
por favor mi hija querida, no me temas, yo te amo,
si a veces te regaño, es por el bien de tu vida,
eres mi consentida, yo no quiero hacerte daño.

Cómo te ví ayer, no te pongas enojada,
ni corras desesperada, huyendo de todo y nada;
espera tomar mi mano y en ella sentirás,
el calor que necesitas y el amor que te alimenta,
tu vida misma que sienta lo que tu padre te dá.
.

NO ME ABANDONES

Quiero ofrecerte mi amor
en líricos poemas de nostalgia,
quiero sentir tu calor
aunque existas a distancia.

Quiero irme contigo
en ideas y suspiros,
no me dejes el vacío
porque siento un abismo.

Pero pienso y no coordino,
es mi vida un desatino,
que mis pasos son a flote,
va mi vida de rebote.

Por favor no me abandones,
piensa en mi toda tu vida,
son mis simples condiciones,
piensa en mi ...toda tu vida.

INSTANTE DE AMOR

No eres mi musa,
eres mi adoración, mis sufrimientos,
eres aquello que al pasar el tiempo,
se robó mi corazón, mi pensamiento.

No es cariño el mío;
el mío es amor con calor y no del frío,
de ese amor que al no estar tú, mi angustia crece,
de ese amor que al irte tú, mi soledad me desvanece,
desaparece mi mente, desaparezco un instante,
hasta imaginar que estoy junto a tí,
y sintiendo que te quiero como antes.

Si me desprecias ...
te quedarás tú sola con mi silencio
y trataré de escapar aunque te quiero,
y huiré a lo lejos contra el viento y el tiempo,
para que en el fondo del vacío
escuches el eco de mi voz en pensamiento.

Angel azul, de mis sueños de cielo,
angel del cielo, de mis sueños azules,
nunca en arrebato me quites tu fragancia,
ni vuelvas imposible mis inspiradas ansias,
ansias de darte mi corazón, mi anhelo.

LA ALBORADA Y SU ESPERANZA

El poder de Dios entró a la casa,
entró su luz, entró su fuerza,
no hay materia viviente
que resista levantarse,
ni pereza que doblegue a la esperanza.

Con su potencia divina
a caminar nos invita,
con su fuerte vitamina
para cumplir nuestra cita.

Con la pureza infinita
de su alegre luz radiante,
del astro rey que nos visita
con sus rayos deslumbrantes.

Las flores y praderas
que adornan primavera,
sus colores que envuelven
con sus lienzos de seda.

Su magia a la imaginación
me vuelve ha transportar,
al infinito mundo de celajes
de su color celestial.

Con gracias de sus nubes
moviéndose en el cielo,
mis sueños y mi anhelo,
los vuelvo a recordar.

Que al amanecer llegaron
en los árboles de en frente,
las golondrinas bailando
con jolgorio y su torrente.

Con su gracia y altivez
se mecieron petulantes,
con su sonrisa constante
mientras vuelvan otra vez.

Mañanas que se alegran
con cantos de avecillas,
que su trinar incitan
a mi espíritu a volar.

LAMENTO DEL TORO HERIDO EN EL RUEDO.

Torero: Torito lindo por qué te mueres?
Toro   : Me haces llorar con ese ruego
          al saber que tú me matas,
          sería mejor fueras sincero,
          dime de quién te escapas?

Torero: Torito, sabes cuánto te extrañaré?
Toro   : Ahora sí hablas sincero,
          me necesitas en el ruedo
          para volverme a matar
          y celebrar otra vez.

Torero: Cuántas veces compartimos tú y yo!
Toro   : Mátame de un sólo tajo!
          méteme tu segunda lanza
          que el dolor me hace pedazos,
          no buscaré la venganza.

Torero: Torito, si te pusieras de pièl?
Toro   : Yo te pido sé consciente,
          no me humilles ante esa gente,
          pa´ matarme tienes valor
          y quédate con tu honor.

Mátame con ese alarde,
porque tú no eres cobarde,

pues la justicia no te cobra,
todo lo tienes de sobra,
hasta el señor Juez está aquí.

Mátame con tu valor
y queda bien con la gente
y no seas incongruente
si le huyes a tu honor.

Demuestra lo que aprendistes
en la Universidad del Torero,
con notas sobresalientes,
para matar en el ruedo.

... El toro hizo un suspiro
al recibir la estocada
y el Torero se levanta
y los aplausos y gritos
de la gente alborotó la jornada.

Los gritos y aplausos de la gente
en los oídos del toro,
fueron sonidos estridentes
y para el Torero ... tesoro..

Ooh! Torito ... te me fuistes?!

LA PENA Y EL SILENCIO

En su vida triste que tiene,
al despertar su mañana en un desierto,
las cosas que le dejó la vida,
no abunda nada a sustentar su ego.

Sintió insensatez por la incertidumbre,
envolviendo su alma y su alegría,
en la sombra de inquietante pesadumbre,
como castigo cruel en su agonía.

Surte en su razón de tener una paciencia,
en un viaje en su rebelde masa gris,
por la desesperación de esa ambivalencia,
salvación que interviene como un desliz.

Se vaciaron las páginas de su historia,
cuando quiso reir de sus escorias,
y soñando que su vida era un río cristalino,
vino el vendaval con recias lluvias y remolino,
que inundó aquel canal con su corriente,
ensuciando su río, llevándose su suerte.

En una tarde gris quiso pensar:
"... ya pasará la lluvia, ya pasará"
y las lluvias pasaron pero no lo demás,
el río se secó y los escombros quedaron,
poniendo fin a su historia de sus buenas memorias.

Ahora tiene un desierto y silencio en su vida,
las mañanas son tristes con profundas heridas,
la pena en su alma se incrustó para siempre
y sus movimientos alegres se volvieron inertes.

... El Dolor y la Pena, es su Silencio a gritos !!!

UN CONSEJO AL CORAZON

Hacer de las palabras unas rosas,
convertir los verbos y adjetivos,
en perfumes y colores atractivos,
cual estrafalarias mariposas.

Y de los adverbios de tiempo,
darle vida a los inventos felices,
por si acaso las penas y deslices,
dejaron cicatrices por intentos.

De los pronombres hacer los personajes,
que lleven su mirada contagiosa de belleza,
usando su magia de su encanto y sutileza
y su misterio se encierra en su linaje.
.
Que traigan la pasión de esos amores,
que muchas veces dan perfumes exquisitos
y luego se extinguen como flores,
por sus recuerdos, dolores y sus mitos.

Y que los pensamientos teñidos de espanto,
como el carrousel que a los niños divirtió
y cuando no estuvo, trajo tristeza y desencanto,
conminando al corazón a llorar lo que perdió.

Llora mi corazón y desahoga,
el sentimiento que te dejó ese amor,
no vuelvas ha creerle al próximo querer,
que te ofrezca frescura a cambio del dolor.

Olvida la promesa aunque lleve esa emoción,
porque su intento lleva el contagio de su engaño,
que tienen ellas con su facilidad de lo extraño,
primero consulta a tu mente, corazón.

Aunque sea atractiva su piel y su furor,
que no te falle la intención de prevenirte,
hazme caso para evitar el maleficio de hundirte
y así vivirás libre de injusticias del amor.

Por qué la hicistes tan bella ¡?

Por què la hicistes tan bella?
tan linda como una estrella!
y ridìculamente al verme,
su belleza me hace inerme.

Como el sol en la penumbra,
con una nube de sombra
que oculta su esplendor,
que casi su luz no alumbra.

Me transforma en tarde gris,
que luego pierdo el matiz
de lo que fué un bello día,
con sus luces y algarabías.

Tan bella la hicistes tú
que los lirios y las rosas,
cuando la miran a ella,
se sienten hasta envidiosas.

Su gracia, perfume y color,
con su arrogancia y esplendor,
ante mi súplica amada,
se vuelve disimulada.

Por qué la hicistes tan bella?
la culpa la tienes tú
que ella a mi no me quiera,
aunque sea ingratitud.

Ella presumida y altanera,
tú me hicistes que la viera
y la encontré en mi camino,
como cosa del destino.

...Por qué la hicistes tan bella !?

FOGATA INTENCIONAL.

Me haces falta por tus mentiras,
porque me hicistes destruir con tu risa
la monótona pesadilla de estar triste,
me hicistes adentrar tus pensamientos
en vaga ilusión de un soñador.

Me hicistes construir en mi memoria
arrecifes de felicidad en un mar perdido;
me distes la emoción de tus dulzuras
que sienten los enamorados con locura.

Me hicistes creer que podía subir al cielo
y bajar estrellas y luceros,
me hicistes soñar, me hicistes feliz
y hoy me dejas triste y sin consuelo.

Ahora, con tu risa llena de felicidad
quieres marcharte y gozar mi soledad,
cuando me dejas llorando tu partida,
cuando me dejas inquieto y abandonado,
lleno de pesadumbre con mi herida.

Por tu felicidad que distes ayer,
tu amor fué una flor siempre viva,
por tus desprecios y tristezas de hoy,
dejas el jardin sin flores y sin vida.

Por eso para mí y para otros,
amor es armar y constuir en pensamiento
lo que otros destruyen en su tiempo,
con dolor de corazón de sentimiento.

Por tí mi amor, por la ilusión,
llamarada de luz que incendió
la apacible mansión de mi alegría,
que me hicistes creer que contigo
no se termina el día.

Me hicistes soñar casi despierto,
y me hicistes sentir
que vivir es estar muerto,
muerto de amor si no estás tú.

A tí mi amor, que estrujastes
mis sensibles sentimientos,
que vertistes sobre mis
sabios conocimientos,
la confusión de amor y de ternura.

Que sintiéndome contigo,
lloraba feliz de alegría
y hoy que tú no estás,
lloro inconsolable
como infeliz criatura.

Por tí mi amor, por tu sarcasmo,
que sobornastes a mis pensamientos
indomables, que construistes en mí,

tu palacio acogedor a tus caprichos,
a tus ideas y anhelos.

Por tí mi amor, es mi llanto insoportable,
que viene de mis profundas entrañas
de mi alma y brotan apacibles lágrimas
de mis ojos, que un día tu besastes
con caricias de antojos.

Y me abrazabas simulando
cual niña enamorada,
confundiendo mi amor con tu locura,
con tu locura de amar sin sentimiento,
solamente el deseo y desenfreno.

Por ti mi amor, ... mi corazón hoy llora.

INDICE GENERAL

	Págs.
Prólogo	1/2

Título de Poemas

1 – Presentimiento	3
2-- Dibujo del Valle San Joaquin	4
2A- Al Valle San Joaquin de California	5/6
2B- To the San Joaquin Valley of California	7/8
3 – En El Umbral	9
4 – Dibujo Si Pudiera Olvidarte	10
4A –Si Pudiera Olvidarte	11
5 - Mi Amiga Soledad	12/13
6 – Dibujo Silueta	14
6A- Silueta	15
7 - Mi Musa	16/17
8 – El Que Dice Ser su Padre	18/19/20
9 – Dibujo Lo Que Somos	21
9A- Lo Que Somos	22/23
10 – Dibujo La Hija del Chapurrón	24
10A- La Hija del Chapurrón	25/26
11 - Resabio	27/28
12 - Aunque Quisiera	29
13 – Dibujo Déjame Alcanzar el Cielo Al Ser Tu Dueño	30
13A- Déjame Alcanzar el Cielo Al Ser tu Dueño	31/32
14 - Ah! Nostalgia La Mía	33
15 - Reflexiones	34/35
16 – Dibujo Otra vez ... Esa Rutina	36

16A- Otra vez ... Esa Rutina	37/38/39
17 – Escualida Sonrisa	40
18 - Pensamientos de Un Padre	41/42
19 – Dibujo Mujer de Tantos Años	43
19A- Mujer de Tantos Años	44/45
20 - Fué Quizá Una Mente de Ese Invento	46/47
21 - Lo Que de Día Presiento	48
22 - Por Tu Ausencia.	49/50
23 - Mi Calor y Tu Frío	51/52
24 - Presencia de Soledad	53
25 – Dibujo Deja, Mujer	54
25A- Deja, Mujer	55
26 – Dibujo Lo Que Quiero	56
26A- Lo Que Quiero	57
27 – Dibujo Calvario	58
27A- Calvario	59
28 – Dibujo Canciones	60
28A- Canciones	61
29 – Dibujo Ilusiones Objetivas de Un Poeta	62
29A- Ilusiones Objetivas de Un Poeta	63
30 - Dilatándote	64
31 - Para Entonces	65
32 - A Tu Corazón	66/67
33 - Si Acaso ... Despedida	68/69
34 - Sin Qué Ni Para Qué	70
35 - Del Extasis	71
36 – Dibujo - Retornándome a Tí	72
36A - Retornándome aTí	73
37 - Dime Mujer ... Qué Quieres Que Haga?	74/75/76/77
38 – Para Que Yo Te Amara	78
39 - Porque Me Faltas Tú	79/80

40 - Locuras al Partir	81
41 - Versos Para Tí	82/83
42 – Meditación	84/85
42A- Meditación II	86/87
43 - Una Canción Para Mi Amada	88/89/90
44 – Asi quiero Vivir al Estar Muerto	91/92
45 – A Una Niña Caprichosa	93/94
46 – No Me Abandones	95
47 – Instante de Amor	96
48 – La Alborada y Su Esperanza	97/98
49 – Lamento del Toro Herido en el Ruedo	99/100
50 – La Pena y El Silencio	101/102
51 – Un Consejo al Corazón	103/104
52 – Por qué la Hicistes tan Bella	105/106
53 – Fogata Intencional	107/108/109

APENDICE DEL LIBRO

a) Dialoguillo	113
b) Autobiografía	114
c) Corolario	115/116
d) Acknowledgement (Agradecimiento)	117

DIALOGUILLO

Dos viejos amigos, Pascasio y Tiburcio se encuentran y después de saludarse, Pascasio le pregunta a Tiburcio: qué me puedes decir de la VIDA

Tiburcio – Uuuh! que te da mucho stress, aflicciones

        cuando pierdes el trabajo, las traiciones,

        en fin es una desesperación.

Pascasio – Tienes razón, pero te has puesto a pensar

        que:

La Vida es Pura Mierda, Pero a Pesar de Todo es
- Sabrosa !?

Sí, responde Tiburcio, ahora déjame preguntarte, qué piensas de la MUJER?

Pascasio – Oh!, la Mujer es lo máximo de la creación

        divina, es la belleza de la naturaleza en su

        estructura concentrada; pero dime por qué

        el hombre creyéndose tanto es dominado

        por ella?

Tiburcio – Medita un momento y luego contesta:

        para la Mujer es fácil, ella tiene mucha

        sabiduría en el amor:

¡La Mujer Calcula que el Hombre en el Amor es
- Pura Mula!!

AUTOBIOGRAFIA

Luciano Antonio Alegría, salvadoreño, residiendo durante 29 años en los Estados Unidos, establecido en California, contador de profesión, con estudios en Ciencias Económicas en El Salvador. Amante de la Naturaleza, la vida Mística, la Mujer y la Poesía; ésta última, que es una Asignatura Especial por su belleza; en su Discurso del Método, René Descartes, quien era un enamorado de la Poesía dijo encontrar en ella: "delicadezas y dulzuras muy encantadoras" y quizá fué ese el misterio que me hizo adicto a su lectura, la que me embrujó al endulzar mi oido con la magia de belleza e imaginación que regala la metáfora con el colorido de su encanto.

Desde pequeño traté de remedar las metáforas y los versos que después tiraba al basurero; pero fué imposible soportar la tentativa por la adición y el embrujo y así nacieron : *Mis Canciones Sin Verso.*

COROLARIO

Deja ver mujer tu piel desnuda,
quiero que te asomes en los barandales
                - de mis sufrimientos
o talvez en otros cielos te formes como nube
y tenga la dicha de mirarte dibujada en los celajes,
el sentimiento se escapa en un chillido
                - que se hace viento,
como me huyes tú en mis sueños profanos
y el celo la agoniza y me adormece con silencios
permíteme jugar a escondidas allí en tu vientre
y sentirme un rebelde con mi rifle de combate
Neruda te dirá las cosas tan hermosas,
que hasta el jardín teñirá con tus colores,
los perfumes de los lirios con tu aroma
y tus colores de seda como rosas,
es mudo el silencio de todos los que gritan,
es calma la histeria quien padece de amnesia,
conjugamos el viento, respiramos el tiempo
y masticamos palabras y cuando eruptamos
                - nos salen pensamientos,
calcinando tus defectos,el amor es tan idiota,
que quererte es un pretexto, por tus virtudes y otras,
mieles nutrientes de este Valle celeste,
sustancia divina de sus tatuajes agrestes
Y tú que dices ser mi padre, qué enfrentas?
Supistes la historia de mis quince primaveras?
dónde estuvistes que no te distes cuenta?
al caso no te importó que eso sucediera?
eres un racimo de uvas frescas

endulzadas en tu boca

que al abrir tus labios traviesos,

con tus besos sensuales me provocas.

hazme caso para evitar el maleficio de hundirte

y así vivirás libre de injusticias del amor,

tan bella la hicistes que los lirios y las rosas,

cuando la miran a ella,

se sienten hasta envidiosas.

Torero: Torito lindo, por qué te mueres?

Toro: me haces llorar con ese ruego,

        mátame de un sólo tajo,

           que el dolor me hace pedazos.

tu ilusión, llamarada de luz que incendió

la apasible mansión de mi alegría,

y que contigo no se termina el día.

ACKNOWLEDGEMENTS.
(AGRADECIMIENTOS)

I thank for the following contributions that appear in the current edition of my Poemario: "Mis Canciones SinVerso".

Ms. Jennifer Prickett

    Who collaborated with 13 Drawings that precede 13 poems of this book.

Damaris Sandoval

    Mi hija, quien proporcionó la foto de la Cubierta del Libro.

Ricardo E. Alegría

    Mi hijo, quien se encargó de la traducción al Inglés del poema "Al Valle de San Joaquín de California".

Angel A. Alegría

    Mi hijo, que colaboró en todos los procesos técnicos computarizados y en la realización de la publicación.

www.ingramcontent.com/pod-product-compliance
Lightning Source LLC
Chambersburg PA
CBHW032049090426
42744CB00004B/139